女孩，你一定要看看自己 健身后的样子

◎ 柏柏 著/绘

人民邮电出版社
北京

图书在版编目（CIP）数据

女孩，你一定要看看自己健身后的样子 / 柏柏著、绘. -- 北京 : 人民邮电出版社, 2024. -- ISBN 978-7
-115-64803-7

Ⅰ. G883

中国国家版本馆 CIP 数据核字第 20242NL525 号

免责声明

作者和出版商都已尽可能确保本书技术上的准确性以及合理性，并特别声明，不会承担由于使用本出版物中的材料而遭受的任何损伤所直接或间接产生的与个人或团体相关的一切责任、损失或风险。

内容提要

本书是一本以漫画风格呈现的女性健身指南，旨在以轻松诙谐的方式解答女性在健身过程中可能遇到的各种问题。本书不仅包含了健身的基础知识，还融入了作者的个人成长故事，通过生动的案例和细节丰富的健身技巧，引导读者了解和参与健身。书中通过一系列小故事，展示了健身对个人心态和生活方式的积极影响，同时提供了实用的健身干货，如怎么选运动装备、如何使用健身房器械、如何干净饮食、如何克服健身过程中的心理障碍等。此外，本书还细致描绘了健身人的日常，如在公共交通工具上的姿态、处理日常琐事的方式，以及在社交场合中的表现，展现了健身给生活带来的微妙变化，是一本随随便便拿起来就可以开开心心读完并受益匪浅的健身小画书。

◆ 著 / 绘　　柏　柏
　　责任编辑　林振英
　　责任印制　彭志环
◆ 人民邮电出版社出版发行　　北京市丰台区成寿寺路 11 号
　　邮编　100164　　电子邮件　315@ptpress.com.cn
　　网址　https://www.ptpress.com.cn
　　北京捷迅佳彩印刷有限公司印刷
◆ 开本：787×1092　1/32
　　印张：7.5　　　　　　　　　　2024 年 9 月第 1 版
　　字数：144 千字　　　　　　　2025 年 8 月北京第 4 次印刷

定价：49.80 元

读者服务热线：(010)81055296　印装质量热线：(010)81055316
反盗版热线：(010)81055315

谨以此书献给
所有热爱生活、积极向上的健身女孩！

目录

第 1 章

健身真的很疗愈啊

运动的齿轮

开始转动……

我是如何开始运动健身的

从小体育就是我的最弱项，运动细胞不发达，导致我对运动很抗拒。

啊啊？我不敢！

跳啊！！

高中体育课
跳马

生完孩子后，更想不起来运动……

从几乎不运动到开始运动，转变的契机
发生在 2018 年 4 月的某一天，我久违地
踏进商场想买一件衣服……

松垮的臀肉

才三十出头的我其实并不算胖，
但镜子里的我……

好似有种

大势已去
的感觉！

这突如其来的"衰败"景象瞬间把我点醒，一个声音从脑海里冒了出来：

我要减肥！

焦急的
灵魂啊！

一百多斤！

在朋友的推荐下，我加入了一个辣妈塑形团，每次课1小时跳舞＋1小时垫上自重训练。

先动

起来！

运动一段时间后，我又加入了一个
朋友组建的健身群，每天运动健身打卡。

这期间，我慢慢开始接触力量训练。

练着练着，我大步跨进了健身圈！

坚定
入坑
健身

不知不觉，健身已成为我生活里不可或缺的一部分，从"减肥"到"练肌肉"，我的审美也发生了变化。

瘦子

VS

有力量的
壮壮的
瘦子

那你是如何
爱上健身的呢?

嘿嘿~

最让我着迷
的是

健身后
整个人都
充满活力
的感觉~

而且健身一段时间后，我轻松养成了易瘦体质。

健身吸引我的点还在于：它是一件只要付出就肯定有回报的事情。

有人说，减肥是女人一辈子的事业。

我想说，健身才是啊。

有时会忍不住想象自己

60岁还肌肉结实的样子！

那一定
很酷！

女孩为什么要进行力量训练

女性25岁后,肌肉质量逐渐开始下降,肌肉慢慢流失,而刺激肌肉生长的抗阻训练,是维持健康身材的明智选择!

1. 力量训练可以强健肌肉,紧致身形。

肌肉含量高，即使你在睡觉
也能比别人

2. 力量训练能提升基础代谢，帮助易囤积脂肪的女性朋友养成易瘦体质！

3. 力量训练可提高骨密度，
使四肢更灵活。

4. 每天运动1~2小时，提升身体免疫力，
保持健康状态。

坚持健身动力来源

1. 习惯是第一要义。

健身是不符合人本能意愿的，但只要我们尝到甜头，它就会变成像睡觉、吃饭那样习以为常的事情。

必须去健身了，不然浑身难受！

2. 年复一年的肌肉保卫战。

肌肉用进废退，辛苦训练换来的肌肉，想要好好维持，就要坚持训练呀！

肌肉

3. 身材变好了，内心强大了
想让这种状态一直都在！

4. 健身是女人最好的保养品！

所谓"身材无敌，年龄成谜"，坚持健身就能拥有！

做一个被时间遗忘的女人

5. 可以多吃点!

美食不可辜负,"能吃还长不胖"是多么幸福的事情呀!

健身女孩的初始技能

想，都是问题；做，才是答案！

主动靠近你身边那些积极阳光、
　　　　充满正能量的人！

有"一旦开始就不轻言放弃"的毅力。

追求科学的方法，
　　　不人云亦云，保持自己的思考。

渐渐养成"延迟满足"的能力。

慢慢来，给身体一些时间……

那些看不懂的力量训练名词

① 力量训练

通过克服外界阻力（自重或器械）来增强
肌肉力量和耐力的训练方法。

比如硬拉

阻力

站起来
需要对抗
杠铃的重量

② 力竭

把一个动作做到无法再标准地完成额外一次。

10、11、12

1……

实在

没力气了~

③ 组间休息

指抗阻训练中，组与组之间的休息时间。持续时长从30s到180s不等。

拉伸一下

准备下一组

④ 复合动作与孤立动作

两个或两个以上关节同时活动

（多个肌群参与：背阔肌、肱二头肌和腹肌等）

单关节活动

（单肌肉或肌群参与：肱二头肌）

⑤ 自由重量（杠铃、哑铃、壶铃等）

相对固定器械，没有固定运动轨迹，自己调整力学角度，可拆卸、组合和调整重量。

⑥ RM

表示某个重量能连续做的最高重复次数。

比如 8RM
指的是每组
最多只能做 8 次。

⑦ 训练容量（kg）

重量×次数×组数

⑧ 向心运动

目标肌肉收缩做功，且用力方向与动作方向相同。

肱二头肌
发力

举起哑铃

⑨ 离心运动

目标肌肉舒张、放松、复位的过程。

缓慢下放
哑铃

保持肌肉
的紧张感

⑩ 顶峰收缩

目标肌群收缩到
顶峰后，停留1~2s

⑪ 脊柱中立位

脊柱由颈椎、胸椎、腰椎、骶骨和尾骨组成，呈双"S"形态，保持这样的自然曲度就是脊柱中立位。

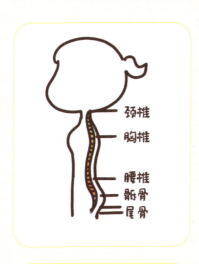

颈椎
胸椎
腰椎
骶骨
尾骨

静态中立位

后脑勺

胸椎

骶骨

三点一线

运动中的中立位

想象在背后放了一根木棒，紧贴后脑勺、胸椎和骶骨。

第 2 章

过来人说
健身装备

一切从简原则

刚开始健身需要准备什么

① 支撑性运动内衣

运动越剧烈，
对运动内衣的
要求越高！

店内
试穿

② 好看的紧身健身服

方便观察自己的身材

好看的健身服
也是健身的
动力哦～

③ 一张防滑瑜伽垫

居家
拉伸

碎片化
运动必备

④ 两双运动鞋：
一双慢跑鞋、一双硬底板鞋

脚底正常	大多数跑鞋都适合
高足弓	缓冲减震型跑鞋
扁平足	稳定支撑型跑鞋

臀腿训练必备

⑤ 一只布袋子

弹力圈

耳机

弹力带

手机

一瓶水

手套

蛋白棒或其他
营养补给

Sunshine

常见家用健身器材

无氧类

一对 2.5kg

哑铃

一对 4kg

12kg

8kg

壶铃

家用杠铃

至少准备与体重等重的杠铃片

有氧类

动感
单车

家用
跑步机

按摩放松类

泡沫轴

点阵式，更精准

凸点大：适用于肌肉弹性好的人群

凸点小：适用于肌肉紧张、柔韧性差的初学者

波纹式，更舒缓

筋膜球

（小巧便携）

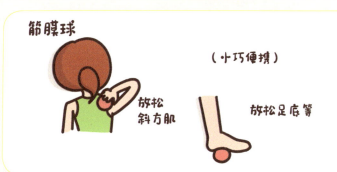

放松斜方肌

放松足底等

筋膜枪

多种按摩头

多挡位振动频率

适用于全身肌肉放松

其他小工具

引体杆子

可悬挂，可做悬垂举腿。可借助弹力带练习引体向上。（弹力带是解锁自重引体向上的必备装备哦！）

腹肌轮

简易款

回弹式

居家碎片化练腹肌的"神器"！

过来人的健身用具演化史

健身初期

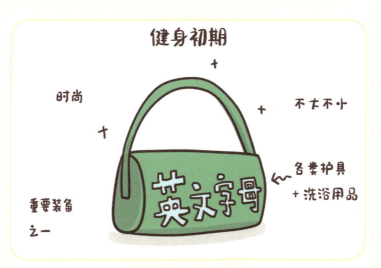

时尚

不大不小

重要装备
之一

各类护具
+ 洗浴用品

健身一段时间后

长相平凡
的大背包

轻巧
能装

不那么
重要的装备

护具 + 更多
的洗浴用品

又过了一段时间

随便找个
小布袋

最不重要
的装备

能装下
弹力带、手套、
矿泉水瓶、耳机
就行!

【备注：不在健身房洗澡。】

从好看的包包到随意的布袋子，
从复杂到简单，健身女孩说：
花里胡哨的装备不重要，
"按时出现"最重要!

第一条健身裤

黑色

购于某
运动品牌
专卖店

朴实无华

后来的健身裤

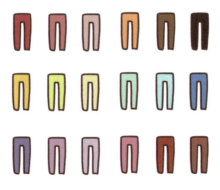

后来的后来，再也没有穿过黑色的……

接下来的一章，将分享针对身体不同肌群的
常见训练动作，小伙伴们可以根据自己的
训练目标和训练频率进行组合。

第 3 章

正经说训练

简单的动作

重复做

蝴蝶机反向飞鸟

（目标肌肉：三角肌后束）

肩

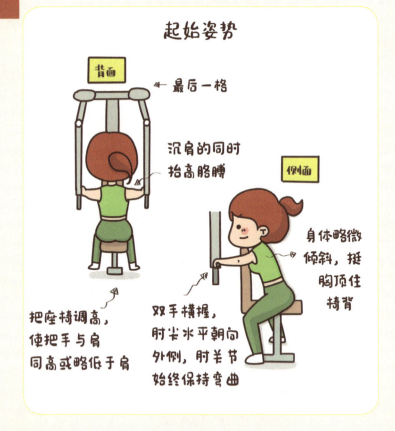

起始姿势

背面

最后一格

沉肩的同时
抬高胳膊

侧面

身体略微
倾斜，挺
胸顶住
椅背

把座椅调高，
使把手与肩
同高或略低于肩

双手横握，
肘尖水平朝向
外侧，肘关节
始终保持弯曲

动作要点

1. 用肩后束的力量带动整条手臂向后来，最大幅度时肘尖不超过身体。

2. 肩后束顶峰收缩1s后双臂水平向内收，保持张力，用较小的幅度完成动作。

沉

肩

肘关节弯曲，大小臂夹角不变

稳住肩胛骨

龙门架面拉

（目标肌肉：三角肌后束）

起始姿势

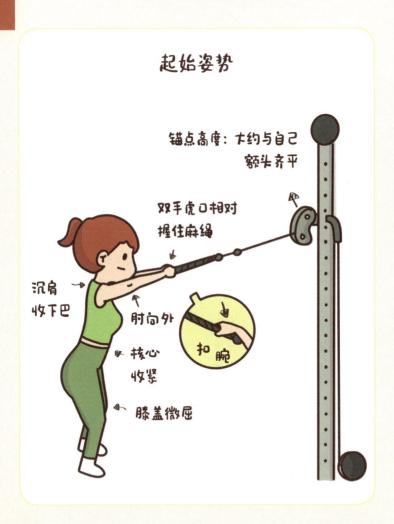

锚点高度：大约与自己
额头齐平

双手虎口相对
握住麻绳

沉肩
收下巴

肘向外

核心
收紧

扣腕

膝盖微屈

动作要点

1. 呼气启动大臂做水平外展，肘部向后向两侧打开，用肩后束的力量带动小臂将绳索拉至大臂与后背在同一平面上。

沉肩

绳索拉至与眼睛齐平的高度

2. 顶峰收缩 2s 后吸气缓慢还原。

肩肘在同一条直线上
肩后伸：大臂水平向后
肩外旋：小臂抬起

常见错误

肘高于肩

肘低于肩

耸肩

身体摇晃

器械推肩

〔目标肌肉：三角肌中束（宽距把手）、
三角肌前束（窄距把手）〕

起始姿势

全握、用掌根托住把手

核心绷紧

选择较小的重量

手臂与身体夹角约45°，小臂垂直于地面

腰背贴紧椅背，肩胛骨下沉

调节座椅高度，使双脚能踩牢地面，托起把手时肩低于把手

动作要点

1. 呼气用肩的力量带动整条手臂往上推，在最高点时手臂不用完全伸直。

下降时不要让重量片发生碰撞

腰背贴紧

2. 吸气缓慢下放，保证小臂垂直于地面，全程肩胛骨下沉。

史密斯推肩

（目标肌肉：三角肌中束）

起始姿势

把椅子背调至 70°

朝外坐

握距比肩略宽

肘内收，不要往后撇

杆子贴近鼻子

手腕中立位

后背贴紧椅背，挺胸，核心收紧

双脚踩牢

动作要点

1. 呼气将杆子向头顶方向推，小臂保持垂直于
   地面，在最高点时手臂无须打直，停顿1~2s。

2. 吸气保持杆子缓慢回放至肩部有明显拉伸
   感，全程杆子贴近鼻尖移动。

蝴蝶机夹胸

（目标肌肉：胸大肌）

起始姿势

调至4号孔，双臂与后背在同一平面上

手肘水平指向后侧，手腕中立位

挺胸抬头，目视前方

调整座椅高度，使手握把手时与胸部中央等高

腰背挺直，肩胛骨下沉压紧，核心收紧

双脚踩牢地面

动作要点

1. 吐气，胸部主导发力带动手臂水平内收，想象抱一棵大树，往身体中间来。

2. 胸部肌肉收缩到最紧时停留1~2s再缓慢回放到初始位。

坐姿推胸

（目标肌肉：胸大肌）

起始姿势

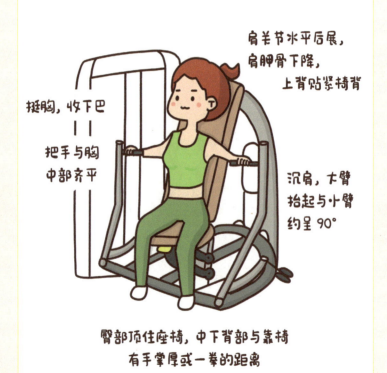

肩关节水平后展，
肩胛骨下降，
上背贴紧椅背

挺胸，收下巴

把手与胸
中部齐平

沉肩，大臂
抬起与小臂
约呈90°

臀部顶住座椅，中下背部与靠椅
有手掌厚或一拳的距离

动作要点

1. 呼气，肘向外打开，用胸肌的力量推出把手，注意是用掌根沿着小臂方向推，推至最大幅度时手臂不要完全伸直。

2. 吸气，缓慢还原至大臂和后背在同一平面上即可。

龙门架绳索臂屈伸

（目标肌肉：肱三头肌）

起始姿势

滑轮在最高处

身体微微向前，躯干平行于绳索

挺胸沉肩

大臂夹紧，身体固定不动，屈肘约呈90°

核心收紧

膝盖微屈

不要站太远

动作要点

1. 呼气，大臂后侧发力带动小臂将绳索拉至身体两侧。

2. 在最低点停留2s后吸气缓慢还原，大臂固定且保持张力。

核心收紧

从上往下画"八"字

动作全程手腕处于中立位

牧师椅弯举

（目标肌肉：肱二头肌）

起始姿势

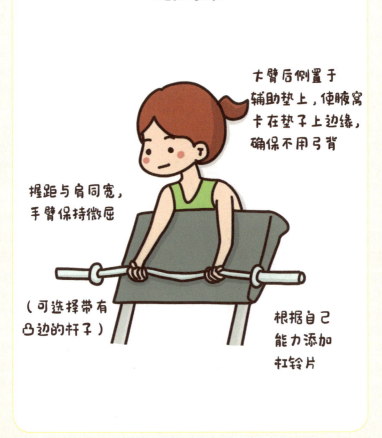

大臂后侧置于辅助垫上，使腋窝卡在垫子上边缘，确保不用弓背

握距与肩同宽，手臂保持微屈

（可选择带有凸边的杆子）

根据自己能力添加杠铃片

动作要点

1. 呼气，弯曲肘关节举起杠铃杆，直至最大弯曲限度时停留1s。

2. 吸气，缓慢还原至初始位。

双杠臂屈伸

（目标肌肉：肱三头肌）

起始姿势

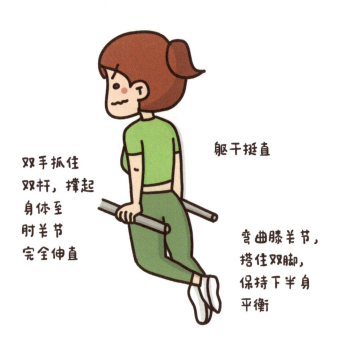

躯干挺直

双手抓住
双杆，撑起
身体至
肘关节
完全伸直

弯曲膝关节，
搭住双脚，
保持下半身
平衡

动作要点

1. 吸气，屈肘，使身体缓慢下降
至大臂平行于双杠。

2. 呼气，肱三头肌
发力将身体撑起
回到初始位。

全程躯干
挺直

V 把下拉

（目标肌肉：中下背部肌肉）

起始姿势

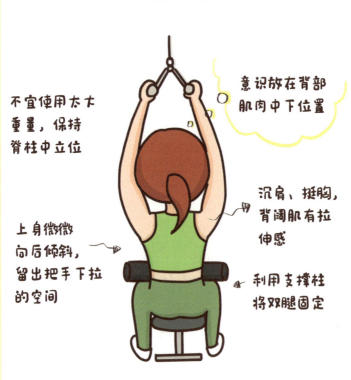

不宜使用太大重量，保持脊柱中立位

意识放在背部肌肉中下位置

沉肩、挺胸，背阔肌有拉伸感

上身微微向后倾斜，留出把手下拉的空间

利用支撑柱将双腿固定

动作要点

1. 呼气，启动背阔肌向胸部拉动把手。

2. 目标肌群停顿收缩 2s 后有控制地回放至初始位。

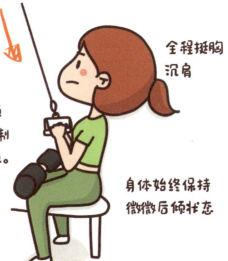

全程挺胸沉肩

身体始终保持微微后倾状态

收紧核心，尽量避免太多借力腹部

反握高位下拉

（目标肌肉：背阔肌）

起始姿势

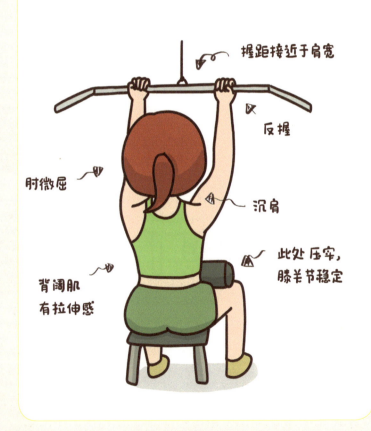

握距接近于肩宽

反握

肘微屈

沉肩

此处压实，
膝关节稳定

背阔肌
有拉伸感

动作要点

身体倾斜 <30°

1. 肘关节向下向后移动，将杆拉至胸部上方。

2. 停顿 2s 后缓慢回放至初始位。

沉肩

保持挺胸沉肋

肱二头肌协同参与

腹外斜肌协同参与

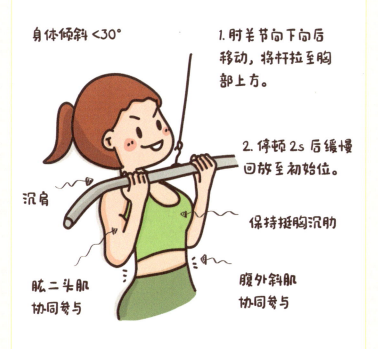

辅助引体机

（目标肌肉：背阔肌）

起始姿势

双手全握或半握
把手～

手臂微屈

臀部收紧，
骨盆略微
后倾

肩胛骨
下沉收紧，
挺胸沉肩，
肋骨下沉

重量片数字越小越难，
初次使用时选择略小于自身体重的重量

动作要点

1. 呼气，大圆肌、背阔肌主导发力，想象将把手往下拉，身体上升至下巴超过把手平面，顶峰收缩 2s。

小臂始终垂直于地面

始终挺胸沉肩，
下沉肋骨，
核心收紧

2. 吸气，缓慢下落，时间控制在 3~4s，下降至初始位。

高位下拉

（目标肌肉：背阔肌）

起始姿势

握距比肩略宽

不要弯曲或
伸展颈部

沉肩

不要通过倾斜
身体来下拉重量

固定好双腿，
保证骨盆稳定

端坐，
收紧核心

动作要点

1. 启动背阔肌，带动大臂发力下拉杆子
   （小臂较少参与）。

手指像
钩子一样

手腕
中立位

背阔肌收缩

小臂始终
垂直于地面

核心稳定

2. 保证不耸肩的同时回放。

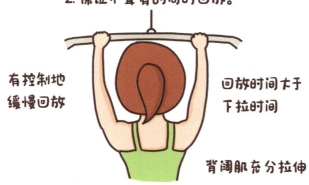

有控制地
缓慢回放

回放时间大于
下拉时间

背阔肌充分拉伸

直臂下压

（目标肌肉：背阔肌）

① 调整把杆与额头齐平

② 握距与肩同宽
下拉把杆后退两到三步

③ 全握把杆并用掌根压杆
肘微屈
肘尖略微朝外

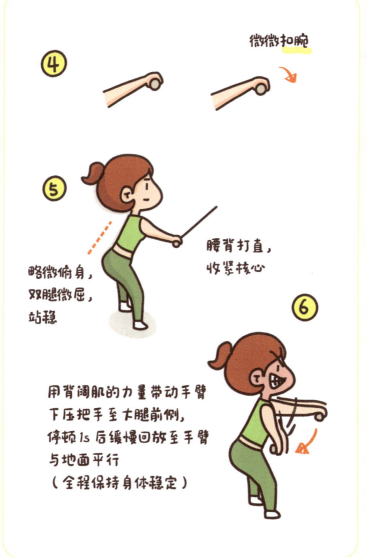

④ 微微扣腕

⑤ 略微俯身，
双腿微屈，
站稳

腰背打直，
收紧核心

⑥

用背阔肌的力量带动手臂
下压把手至大腿前侧，
停顿1s后缓慢回放至手臂
与地面平行
（全程保持身体稳定）

器械坐姿划船

（目标肌肉：背阔肌）

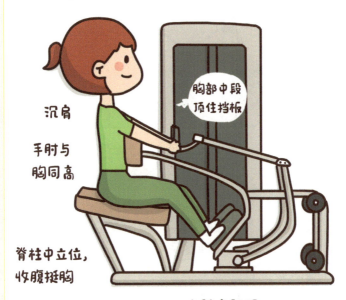

起始姿势

目视前方

沉肩

手肘与
胸同高

胸部中段
顶住挡板

脊柱中立位，
收腹挺胸

双脚踩实踏板

动作要点

1. 背阔肌发力带动大臂朝胸部拉把手
   至大臂约与躯干平行，屈肘约呈 90°。

挺胸抬头，目视前方

始终顶住
挡板，
收紧
核心！

2. 顶峰收缩 2s 后，缓慢回到初始位。

山羊挺身

（目标肌肉：下背部肌肉）

起始姿势

头、腰背、腿
呈一条直线

保证膝盖位于
辅助垫下方

双手交叉
或手握杠铃片

小腿后侧
贴紧支撑柱

卡在髋关节
下沿

脚尖朝前

双脚
踩牢踏板

动作要点

1. 上半身慢慢往下压，压到自己能承受的最大幅度。

腰部不能弯曲！

弯曲髋关节来放低躯干

2. 然后慢慢挺身至躯干与双腿呈一条直线。

引体向上

（目标肌肉：背阔肌）

起始姿势

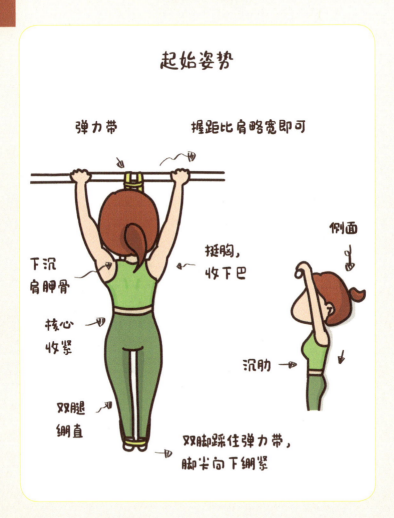

弹力带

握距比肩略宽即可

挺胸，
收下巴

下沉
肩胛骨

核心
收紧

侧面

沉肋

双腿
绷直

双脚踩住弹力带，
脚尖向下绷紧

动作要点

1. 呼气，启动背阔肌，以肘拉动身体上移。

2. 拉至下巴过杆，吸气，缓慢下降，注意离心收缩下放至大小臂夹角在150°~170°时，重复下一次。

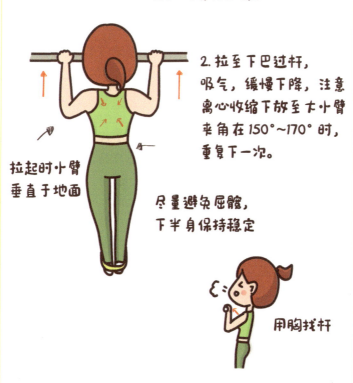

拉起时小臂垂直于地面

尽量避免屈髋，下半身保持稳定

用胸找杆

绳索坐姿划船

（目标肌肉：背阔肌）

起始姿势

（脚踩稳，核心收紧后
将把手拉至胸前）

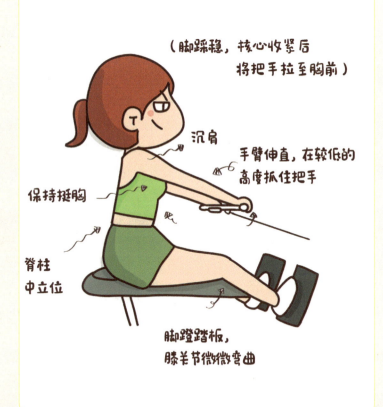

沉肩

手臂伸直，在较低的
高度抓住把手

保持挺胸

脊柱
中立位

脚蹬踏板，
膝关节微微弯曲

动作要点

目视前方，挺胸沉肋

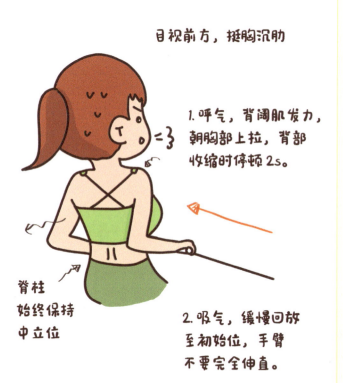

1. 呼气，背阔肌发力，朝胸部上拉，背部收缩时停顿2s。

脊柱始终保持中立位

2. 吸气，缓慢回放至初始位，手臂不要完全伸直。

俯身腿弯举

（目标肌肉：大腿后侧肌群）

起始姿势

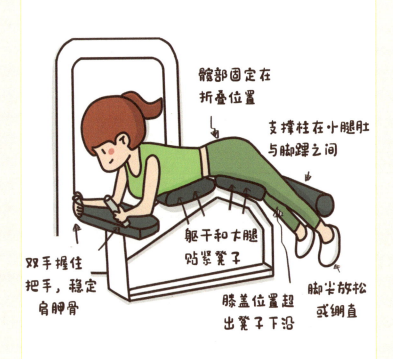

髋部固定在折叠位置

支撑柱在小腿肚与脚踝之间

双手握住把手，稳定肩胛骨

躯干和大腿贴紧凳子

膝盖位置超出凳子下沿

脚尖放松或绷直

动作要点

1. 呼气，大腿后侧发力，屈膝带动支撑柱向臀部移动。

始终贴紧 凳子

2. 快要靠近臀部时顶峰收缩 2s。

3. 下放时缓慢回到微屈膝位置，不要完全放松。

龙门架绳索后踢腿

（目标肌肉：臀大肌）

起始姿势

屈髋压低上半身，腰背打直

选择较小的重量

核心收紧，骨盆摆正

支撑腿微屈

龙门架脚套

动作要点

1. 臀大肌发力带动大腿往后往上蹬至大腿抬平后停顿1s。

核心稳定，骨盆不发生翻转

2. 感受臀肌拉伸缓慢下落至初始位。

【注意：训练腿不用完全伸直。脚尖稍微向外旋转可使臀部挤压感更明显。】

器械后蹬腿

（目标肌肉：臀大肌、大腿前侧肌群）

起始姿势

腰背打直，
核心收紧

调整靠垫
高度至
胸前

用脚后跟
蹬住脚挡板

动作要点

1. 呼气，用臀腿的力量将脚挡板向后蹬，感受臀肌收缩并停顿1s（注意膝盖不要内扣）。

骨盆不要
翻转

上半身稳定

2. 吸气，稳定缓慢
还原，注意控制重量
片不要发生碰撞。

山羊挺身练上臀

（目标肌肉：上臀肌肉）

起始姿势

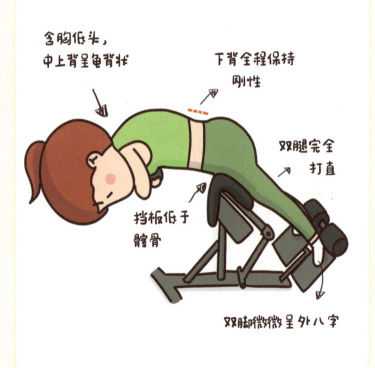

含胸低头，
中上背呈龟背状

下背全程保持
刚性

双腿完全
打直

挡板低于
髋骨

双脚微微呈外八字

动作要点

1. 弯曲髋关节，缓慢
   放低躯干（不要俯身太低）。

动作全程
保持龟背状

臀大肌
腘绳肌有
酸爽感

2. 下降到最低点后，上臀主导发力，
   用转髋方式挺起，回到初始位（停顿2s）。

坐姿髋外展

（目标肌肉：臀中肌、臀小肌）

起始姿势

身体坐直或略微前倾，脊柱中立位

大腿外侧紧贴挡板

核心收紧

坐在凳子靠前位置

脚踝位置确保屈膝约90°

动作要点

2.呼气打开,
吸气还原
(保持张力,
不要完全泄力)。

上半身保持
稳定,不要
通过晃动来
借力

小腿跟着打
开,大腿、
小腿始终在
一个平面上

脚踝
固定

1.打开时臀肌
发力,用髋关
节带动大腿打
开至最大幅度,
顶峰收缩停顿
2s。

坐姿内收

（目标肌肉：大腿内侧肌群）

起始姿势

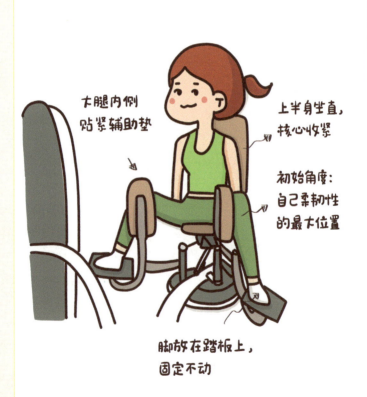

大腿内侧
贴紧辅助垫

上半身坐直，
核心收紧

初始角度：
自己柔韧性
的最大位置

脚放在踏板上，
固定不动

动作要点

1. 呼气，通过髋关节内收来并拢双腿。

上半身保持直立，核心收紧

2. 吸气，慢慢打开，保持张力，重量片不要重叠，速度不要太快，有控制地回放到初始位。

坐姿腿屈伸

（目标肌肉：大腿前侧肌群）

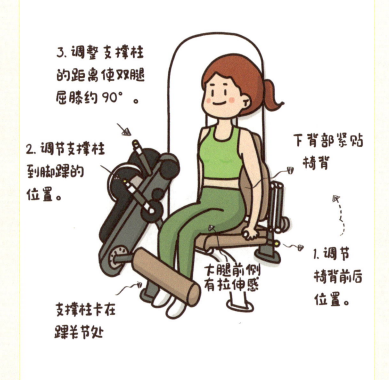

起始姿势

3. 调整支撑柱的距离使双腿屈膝约90°。

2. 调节支撑柱到脚踝的位置。

下背部紧贴椅背

2. 调节支撑柱到脚踝的位置。

大腿前侧有拉伸感

1. 调节椅背前后位置。

支撑柱卡在踝关节处

动作要点

挺胸，
核心收紧

1. 呼气，股四头肌
发力把支撑柱抬起。

不要弓背

手握把手

脚尖
勾起

2. 伸直膝盖（膝盖和脚尖在一条
直线上），顶峰收缩1~2s。

3. 吸气，有控制地回放至初始位，不要让重
量片发生碰撞。

自由重量训练

哑铃侧平举

（目标肌肉：三角肌中束）

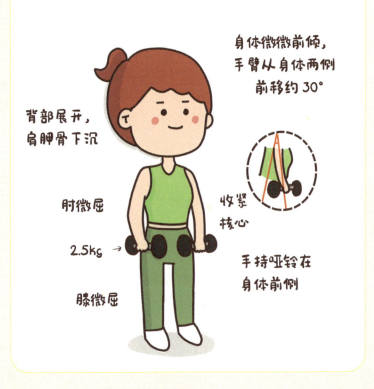

起始姿势

身体微微前倾，手臂从身体两侧前移约30°

背部展开，肩胛骨下沉

肘微屈

2.5kg →

膝微屈

收紧核心

手持哑铃在身体前侧

动作要点

1. 肩中束发力带动手臂向身体两侧抬起哑铃。

头勿前探，下巴微收

2. 抬至双臂几乎呈一条直线，其与身体呈约 90° 时，缓慢回到初始位。

手腕与肘呈一条直线

抬起时呼气，还原时吸气

全程保持核心收紧

单边侧平举

（目标肌肉：三角肌中束）

起始姿势

手握哑铃

肘部微屈

小臂垂直
于地面

膝微屈

手抓住竖直
支撑物

核心
收紧
‼️

侧面看时
在肩前侧

动作要点

1. 呼气，用肩部力量带动手臂举起哑铃，
   直至手臂与地面平行。

向侧面抬起

整条手臂
像钟摆一样
摆动

2. 吸气，有控制地回落，
   全程保持张力。

俯身哑铃飞鸟

（目标肌肉：三角肌后束）

起始姿势

腰背打直，
俯身约平行于地面，
肩胛骨外展

眼睛看向
地面

沉肩，大臂与
躯干呈90°，
手肘微屈

双脚打开与髋同宽

动作要点

1. 呼气，用肩后束的力量向两侧画弧线张开双臂，注意最高点不超过背部。

不要耸背！

颈部自然延伸

2. 顶峰收缩1s后吸气，缓慢还原至初始位。

坐姿哑铃推肩

（目标肌肉：三角肌中束）

起始姿势

掌心朝前
全握

屈肘
约90°

挺胸收腹，
肩胛骨中立位

肘稍向前
小角度移动

椅背调至倾斜，
约与地面呈75°

双脚踩牢

动作要点

1. 肩中束主导发力将哑铃向上推（小臂始终垂直于地面）。

最高点哑铃不要互相碰触

手臂微屈

全程挺胸收腹，肩胛骨稳定

2. 吐气发力，吸气还原至初始位。

坐姿俯身哑铃飞鸟

（目标肌肉：三角肌后束）

起始姿势

含胸，撑开背部，
稳定肩胛骨

沉肩

低头

胸部靠在大腿
上，全程胸部
下方都要
贴紧
大腿

手臂自然下垂
肘向外打开
朝向身体
两侧

虎口相对
或掌心相对

动作要点

1. 呼气，肩后束发力带动大臂抬起手臂，
   抬起高度以感受到三角肌后束有明显收缩感为主。

手腕
中立位

手臂微屈，
全程角度不变

（想象整条
手臂已打
上石膏）

2. 顶峰收缩1s后，吸气，下放手臂缓慢
   还原至初始位（动作一定要慢哦）。

杠铃卧推

（目标肌肉：胸大肌）

起始姿势

握距比肩膀略宽，
握住杠铃后举起
使杠铃离开杠铃架

全握，
手腕中立位

肘的位置略比
肩靠下

脊柱
中立位

沉肩挺胸，
肋骨下沉

双脚踩实

动作要点

1. 吸气，将杠铃缓慢降至胸部中间位置，小臂垂直于地面时停止（可将杠铃杆想象成一根弹力绳，下降时会被拉长，此时胸肌也处于拉长状态）。

小臂始终垂直于地面

肩胛骨下回旋压实椅面

2. 呼气挺胸，胸肌发力带动手臂举起杠铃，回到初始位，手臂不用完全伸直。
（上升时，"弹力绳回缩"，胸肌收缩）

哑铃平板夹胸

（目标肌肉：胸大肌）

起始姿势

举起哑铃置于
胸部上方

手肘微屈

沉肩

核心收紧，
中下背部与椅面之间
约有手掌厚的间隙

动作要点

1. 打开手臂，将哑铃放低至与胸部处于同一平面上，胸肌发力带动大臂沿弧线移动，使哑铃回到初始位。

始终保持
手肘微屈

2. 最高点哑铃不要互相碰触，停顿1s后缓慢打开，回到哑铃与胸部齐平的位置。

哑铃平板卧推

（目标肌肉：胸大肌）

起始姿势

手握哑铃，
虎口相对，
肘部微屈

沉肋挺胸

核心稳定

双脚踩实地面

肩胛骨收紧，
上背贴紧椅面

动作要点

1. 将哑铃降至大臂与背部水平的位置，大臂与身体夹角 45°~60°。

2. 胸部发力带动大臂和小臂沿弧线从中胸位置向上推，保持小臂始终垂直于地面。

小臂角度

✗

✓

小臂内扣，胸部发力减小

小臂始终垂直于地面

肩膀位置

✗

✓

保持挺胸

肩膀不发生移动

肩膀随着手臂送出，三角肌前束代偿

肩胛骨收紧

哑铃运动轨迹

✗

直上
直下

✓

弧线轨迹
从胸中部
到肩上方

大臂与身体的角度

✗

角度太大时，
三角肌前束参与更多

✓

45°~60°

上斜卧推

（目标肌肉：胸大肌）

起始姿势

俯视

哑铃与上胸肌纤维方向平行

颈部自然延伸，收下巴

腹部收紧，避免腰部反弓

肩胛骨下沉，挺胸、沉肋

30°~45°

双脚踩牢地面

动作要点

1. 呼气用上胸的力量带动大臂推起哑铃，全程小臂垂直于地面，将哑铃推至肩膀正上方。

手腕
中立位

推起时
保持手臂微屈

2. 最高点两只哑铃不必互相碰触，停顿1s后吸气缓慢下降至初始位。

俯身哑铃臂屈伸

（目标肌肉：肱三头肌）

起始姿势

俯身，腰背打直，颈部自然延伸，大臂贴紧身体

手扶固定物，维持身体稳定

沉肩状态下，肘略高于背部

核心收紧

全握

臀和大腿后侧有拉伸感

膝盖微屈，双脚打开与髋同宽

动作要点

1. 呼气大臂后侧发力将小臂往上抬（大臂不动）直至手臂完全伸直。

2. 停顿1~2s后吸气缓慢回放至小臂垂直于地面即可（不要往前甩）。

【注意：小臂不要主动发力。】

颈后臂屈伸

（目标肌肉：肱三头肌）

起始姿势

用虎口托住
哑铃

挺胸

大臂靠近
头部两侧并
保持不动

核心收紧

双脚踩实
地面

动作要点

1. 呼气用大臂后侧的力量带动小臂举起哑铃至手臂伸直（手肘微屈），停顿2s。

核心不能松

2. 吸气控制好速度慢慢还原，下降至大臂后侧有明显拉伸感。

常见错误及正确做法

哑铃力线倾斜 X

大臂打开太多，肩发力更多 X

大臂应靠近耳朵 ✔

应尽量垂直于地面 ✔

站姿杠铃弯举

（目标肌肉：肱二头肌）

起始姿势

手肘微屈

双手握住
杠铃，掌心向上

膝微屈

保持一个
能稳定站立的站距

动作要点

1. 保持大臂固定，弯曲肘关节抬起杠铃，感受肱二头肌被"挤压"的感觉，最大幅度时停顿2s。

大臂贴紧身体

手肘固定

2. 吸气缓慢下降至初始位，不用完全打直。

【注意：全程身体不要摇晃。】

俯身哑铃划船

（目标肌肉：背阔肌）

起始姿势

把意识放在
背阔肌

背阔肌
预收紧

腰背打直

骨盆保持
中立位，
不要扭转

重心在
身体中间

哑铃平行于
板凳

手臂垂直于
地面

动作要点

1. 抬起时大臂平行于地面，屈肘约90°，停顿2s。

颈部
自然延伸

腰背打直

沉肩，
核心稳定

2. 下放时把肩胛骨往下送将哑铃移至肩部正下方，不要往前甩。

保证小臂始终垂直于地面，向上向后平稳画弧线抬起哑铃

杠铃划船

（目标肌肉：背阔肌）

起始姿势

肩胛骨沿力线伸展

躯干前倾，腰背打直

臀后移，屈髋至合适角度

膝关节微微弯曲

目视斜前方

双臂充分伸展

正手握杠铃，两手与肩同宽

小腿约垂直于地面，脚尖微微外八

动作要点

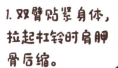

1. 双臂贴紧身体，拉起杠铃时肩胛骨后缩。

2. 下放时动作缓慢，伸展至手臂伸直。

杠铃贴着大腿抬至腹部

膝盖稳定，下肢不要晃动

几个常见问题

斜方肌酸
俯身角度小 ✕   双肘前伸大 ✕

腰酸
杠铃没有贴紧身体 ✕

手臂酸
提起杠铃时转动收紧肩胛骨 ✕

健腹轮练腹

（目标肌肉：核心肌群）

初始姿势

弓背含胸，
肩胛骨下沉

骨盆后倾，
臀部夹紧

手腕保持
中立位

动作要点

推出

不要耸肩！

骨盆始终
保持后倾状

推到自己
能承受的距离

腹部保持张力

（不要咻得一下向前，要缓慢向前推进哦）

拉回

PS：健腹轮有一定
难度，新手初期可
以选择有回弹功能
的健腹轮。

呼气用意识控制
核心力量拉回

拉回到初始位即可

悬垂举腿

(目标肌肉：核心肌群)

吐气卷起

上半身
保持稳定

膝盖微屈

骨盆后倾
向上卷动，
用腹部力量
将腿抬起

吸气还原

保持
腹部张力

腿不要
完全放下来

杠铃臀推

（目标肌肉：臀大肌）

准备动作

坐下时凳子上沿
顶住肩胛骨下沿

腰背打直，
核心收紧

双脚打开
与肩同宽

屈膝将双脚
放在腿伸直时
膝盖的位置

双脚可略微外八

122

（负重前可做几个自重臀推熟悉发力模式）

收下巴，目视前方

上半身
保持刚性

脚趾抓地

蹬地，臀发力抬至大腿平行
于地面，此时小腿垂直于地面

动作要点

1. 呼气脚掌踩牢地面发力用臀大肌的力量向斜上方抬起杠铃。

腰背打直

腹部收紧

2. 顶峰收缩1~2s后，吸气向斜后方缓慢下落至臀部有明显拉伸感。

脚趾抓地

将肋骨以下至臀部想象成一根杠杆，用它撬起杠铃

常见错误及正确做法

杠铃下落时
身体下滑 ✗

下落时杠铃
往斜后方 ✓

屈膝角过小
或过大 ✗

抬起时屈膝约 90° ✓

顶腰发力
（伤腰）✗

应伸髋 ✓

高脚杯深蹲

（目标肌肉：股四头肌、臀大肌、腘绳肌）

起始姿势

有点沉
的哑铃

用掌根托住哑铃

双脚打开
与肩同宽

脚尖微微外八，
膝盖略微外旋，
与脚尖方向保持一致

肩胛骨下沉收紧，
腰背打直

哑铃贴着
胸部

动作要点

1. 保持腰背打直，挺胸收腹，重心在中间，屈髋屈膝匀速往下蹲，蹲至大腿约平行于地面（此时臀腿有很明显的拉伸感）。

2. 蹲至最大幅度后停顿1~2s后，先启动臀，蹬地缓慢起身回到初始位（核心依然处于收紧状态）。

【注意：全程骨盆不要过度前倾或后倾。】

壶铃甩摆

（目标肌肉：臀部肌群）

起始姿势

臀大肌

腰背打直

← 屈髋

核心收紧

肩宽站距，
小腿垂直于地面

脚趾抓地

俯身握住壶铃把手，
将其向身体移动到
轨迹最低点

动作要点

壶铃下落

头与躯干
呈一条直线

折叠髋部，
臀往后推

核心收紧

膝盖不要向前移动

小腿始终
垂直于地面

壶铃向上

头部和躯干
始终呈一条
直线

不要过度上抬

在此高度
停顿1s

核心
绷紧

不要向
前顶腰

伸髋，
收缩臀部发力
将壶铃甩至
与肩同高

膝盖对准脚尖方向

脚趾抓地

如何做好一个屈髋动作？

起始姿势

用一根棍子抵住头、胸椎、骶骨，使三点呈一线

沉肩，肩胛骨中立位

沉肋 + 收腹

膝盖上方套一个弹力圈（防止膝内扣）

面对床站立，膝盖贴住床沿

建立足弓脚趾抓地

动作要点

俯身

借助棍子保证
脊柱中立位

臀往后
水平移动

臀肌和大腿
后侧有拉伸感

髋部折叠，上半身
往下，核心全程收紧

膝盖借助床沿
不要前移，保
持双腿不动

（熟悉动作模式后拿掉辅助工具）

动作要点

起身

脊柱
中立位

臀部主动
发力往
前推!

髋部打开!

哑铃高脚杯深蹲

1. 双脚打开与肩同宽，用掌根托住哑铃，大臂夹紧身体，沉肩收腹，核心收紧，骨盆摆正。

面向沙发站立，
距离沙发座约一拳远

2. 吸气先屈髋后屈膝，臀部水平向后推，蹲至大腿约平行于地面，想象头顶有个向上的箭头，始终指向正上方！蹲至最低点停顿1s后呼气还原。

哑铃罗马尼亚硬拉

1. 双脚打开与髋同宽并微微外八，沉肩挺胸收腹，手持哑铃贴于大腿前侧。

2. 吸气先屈髋后屈膝将臀部往后推，哑铃贴着身体缓慢下降至膝盖下方后，呼气双脚蹬地将负重后的身体"站"起来。

可以借助沙发稳定住小腿

【注意：沙发高度低于膝盖。】

保加利亚分腿蹲

1. 单腿站立，另一只脚搭在沙发上，身体站直（想侧重于臀，就略微屈髋），双手持哑铃，骨盆摆正将重心放在前脚掌。

2. 吸气缓慢向下蹲，支撑腿小腿始终垂直于地面。蹲至大腿约平行于地面，停顿1s，支撑脚蹬地起身回到初始位。

步距测量

① 坐在沙发边缘　双腿伸直

② 一条腿往后缩

③ 起身站立

④ 后缩腿轻轻搭在沙发上

坐姿弹力带髋外展

1. 端坐在沙发上（不要陷在沙发里），核心收紧，脊柱向上延伸。

2. 在膝盖上方位置套上弹力带。

（上半身处于后仰、直立、前倾位置都可以）

3. 呼气用臀肌的力量对抗弹力带，双脚不动，沿脚外侧轴向打开双腿，最大幅度时停顿1s，之后吸气有控制地还原。

深蹲

（目标肌肉：臀腿肌群）

起始姿势

沉肩

挺胸

收腹

双脚打开，
与肩同宽

脚尖略微外八

动作要点

腰背打直

重心
后移

1. 先屈髋
后屈膝。

3. 起身后膝盖
不要完全伸直。

2. 蹲至大腿近似平行
于地面后，脚跟发力
起身。

常见错误及正确做法

✗

蹲得太高

✓

蹲至大腿近似平行于地面

✗

臀部"眨眼"

✓

骨盆稳定

弯腰驼背

腰背打直

起身时臀和胸未同步移
动，臀先往后，再向上

臀和胸同速移动

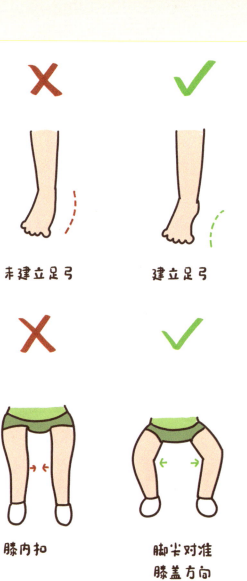

未建立足弓　　　　建立足弓

膝内扣　　　　　脚尖对准
　　　　　　　膝盖方向

传统硬拉

（目标肌肉：腘绳肌、臀大肌）

起始姿势

双手握住哑铃，
想象着把杠掰弯

膝盖顺着脚尖方向

将双膝撑开，膝盖顶住
肘窝的位置

杠铃杆在脚
的正上方

双脚与髋同宽

腰背打直，
肩膀打开，腋下收紧

髋处于肩和膝正中间

摆好姿势后，可预先轻轻
蹬地抓杠，臀腿、背有明显发力感

动作要点

1. 呼气起杠，
伸髋起身
（不要顶腰）。

蹬地

〔注意：是站起来，而不是拉起来。〕

2. 吸气落杠，先屈髋，
后屈膝将杠铃垂直
下放至地面，再重
复动作。

5种硬拉

	起始姿势
传统硬拉	俯身 · 双手位于双腿外侧 · 杠铃在地面
罗马尼亚硬拉	站立 · 全程杠铃不落地
相扑硬拉	双手位于双腿中间 · 俯身 · 杠铃在地面

起始姿势

直腿硬拉	 俯身 杠铃 全程不落地　　站立 　　　　　　　几乎 　　　　　　　不屈膝
单腿硬拉	站立 训练腿 对侧手拿 哑铃，全程哑铃不落地

负重特点

传统硬拉	经典复合动作，可上大重量
罗马尼亚硬拉	使用中等重量
相扑硬拉	根据个人能力可尝试大重量
直腿硬拉	几乎没有屈膝，考虑腰部压力，重量不宜过大
单腿硬拉	对身体协调性要求高，不用追求太大重量

站距

传统硬拉		≤ 肩宽
罗马尼亚硬拉		= 肩宽或略比肩宽
相扑硬拉		≥ 1.5 倍肩宽
直腿硬拉		≤ 肩宽
单腿硬拉		

主要参与肌肉（群）

传统硬拉	竖脊肌 臀肌 股四头肌 腘绳肌
罗马尼亚 硬拉	臀肌 腘绳肌
相扑硬拉	大腿内侧 下臀
直腿硬拉	上臀 腘绳肌
单腿硬拉	臀肌 （孤立）

运动后全身拉伸

① 斜方肌拉伸
（左 + 右）

看向斜上方 45°

沉肩

向下延伸

② 胸 + 手臂拉伸

头部不要往后倒，
颈部自然延伸

胸推向天花板

149

③ 臀部拉伸（左＋右）

上半身可趴下去，
也可用于支撑

骨盆摆正

肚脐眼找向地面

④ 大腿前侧拉伸（左＋右）

上半身往前倾
拉伸感更明显

腰背打直

肚脐眼朝前

跨开一大步

⑤ 大腿后侧拉伸（左＋右）

沉肩

屁股
往后推

胸找向
膝盖

勾脚尖

⑥ 大腿内侧拉伸

压

压

上半身
平躺

⑦ 小腿拉伸

↑ 臀往上提

脚往前
移动可增加难度

↑
脚跟
往下踩

⑧ 腰背拉伸

1. 拱背。

2. 腰椎一节一节往下沉，
头抬起，然后骨盆后倾使
身体一点点拱起。

3. 循环以上两步。

第4章

也说说饮食与睡眠

吃与睡都是健身中
不可忽视的环节

健身人逃不开的"干净饮食"

这里的干净
可不是字面
上的意思。

我看还不如叫"清淡饮食"
或"纯粹饮食"更好理解呢!

"干净饮食" 的原则

① 选择天然食物，一眼就能辨别
   其营养成分的食物

精加工
食品

拒绝

一块红薯
（碳水）

蒸红薯

vs

油炸南瓜饼
（过度加工）

② 选择新鲜的食物

少吃腌制品

红油辣子

各种肠

豆腐乳

腊肉

红油咸菜

钠含量高

新鲜食物
不会增加
身体的负担

身体轻松，
代谢更顺畅

③ 烹饪方式越简单越好

蒸

煮

清炒

习惯了
品尝

食物
本来
的味道

Less is more

④ 远离饮料和酒，少吃零食

咕咚
咕咚
咕咚

最好的饮品
是温白开水～

DIY

解馋低卡
小甜品

⑤ 不挨饿，不吃撑

给身体
需要的食物

而不是
你想吃的

七分饱

虽然前面列举了数条"原则"，但有一条须重点补充！

其实没有绝对不能吃的食物，重点是把握好量，做到有所克制就好！

常见食物热量

常见主食热量[*]
（kcal/100g）

白米饭 116

糙米饭 140

发糕 215

花卷 214

全麦面包 254

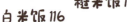

白馒头 223

荞麦面 346

魔芋 20

土豆 81

红薯 81

紫薯 106

南瓜 23

芋头 60

玉米 112

山药 57

备注：本书提供的常见食物热量仅为参考值。

常见动物蛋白热量

（kcal/100g）

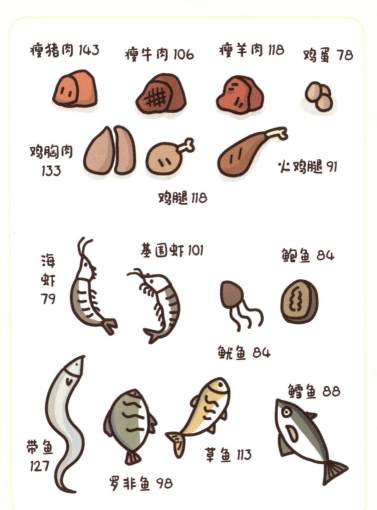

瘦猪肉 143
瘦牛肉 106
瘦羊肉 118
鸡蛋 78
鸡胸肉 133
鸡腿 118
火鸡腿 91
海虾 79
基围虾 101
鲍鱼 84
鱿鱼 84
带鱼 127
罗非鱼 98
草鱼 113
鳕鱼 88

常见蔬菜热量

（kcal/100g）

莜麦菜 15
卷心菜 24
油菜 25
生菜 16
菜花 20
菠菜 28
空心菜 23
韭菜 25
西蓝花 36
四季豆 31
冬瓜 12
西红柿 15
黄瓜 16
萝卜 16
莲藕 47
蒜薹 66

常见水果热量

（ kcal/100g ）

葡萄柚 28

橙子 47

桃子 25

樱桃 23

草莓 32

苹果 52

柠檬 35

蓝莓 53

火龙果 50

圣女果 25

163

关于体重管理的参数解释

卡路里：食物热量单位，用于衡量食物
所含热量。我们平时常说的
1大卡，就是1千卡（1 kcal）。

卡路里与食物成分表里"千焦"的关系：
1大卡约等于 4.186 千焦。

用千焦除以4就大概知道是多少大卡了！

围度测量方法

工具：软尺

方法：在相应位置水平测量一圈

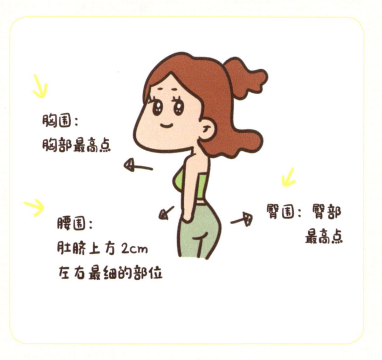

胸围：
胸部最高点

腰围：
肚脐上方2cm
左右最细的部位

臀围：臀部
最高点

成功减脂的基本操作

① 多喝水

脂肪代谢需要大量水的参与，多喝水可提高代谢，促进脂肪分解，并增强饱腹感，建议每日每千克体重摄入30ml的白开水。

还差3杯达标！

② 干净饮食

使用清炒、蒸煮、白灼、烤或低油煎的烹饪方式，配合低卡低脂的调味料提升食物口感。

丰富的膳食纤维

优质蛋白

优质碳水

③ 保持有点饿

在微微的、不影响正常生活的饥饿感之下，能忍住不吃东西，身体就会慢慢开始燃烧脂肪。

④ 保证充足睡眠

8 小时睡眠消耗的热量相当于慢跑 40 分钟。睡眠不足，人的"抗饿力"会下降。

167

⑤ 三餐规律

（每餐间隔4小时以上）

早餐

7:00

午餐

12:00

晚餐

17:00

⑥ 规律锻炼

（每周2~3次）

居家锻炼（每次1小时）

OR

健身房力量训练（每次1小时）

增加热量消耗，
增肌塑形，
强身健体

⑦ 记录饮食

不挨饿，认真吃每顿饭，记录好一日三餐，制造出一定的热量缺口

⑧ 增加碎片化运动

能走路不骑车，能骑车不坐车，通勤路上多走走路也是巨大的消耗

容易被忽视的睡眠

很多人训练很刻苦，饮食也比较注意，但却不怎么重视睡眠。其实，睡得好不好对健身效果有着至关重要的影响！

① 睡眠不足会影响训练状态

无精打采

打哈欠

没在状态

训练效果大打折扣

② 睡眠不足影响睾酮激素分泌

 肌肉
生长受阻

⚠ 肌肉修复也变得
没那么容易,脂肪
储存增加

肾上腺素上升

皮质醇上升

代谢下降

③ 睡眠不足影响体能恢复，使身体免疫力下降，容易生病！

好乏啊

感觉像是要感冒了~

坚持运动固然重要，但千万别忘了要好好睡觉哦！

睡前远离手机！

每天保证

7~8 小时

优质睡眠

第 5 章

健身房趣事儿

健身者的

专属乐趣

进健身房前后

在去往健身房的路上

到达健身房开始训练后

健身房 "社恐" 等器械

三分不经意

偷瞄

热身中

组间休息
聊天大爷

六分靠眼神

急!

用眼神
锁定

螃蟹走

一分给点暗示

战术性靠近!

围着画圈

暗中

观察

健身初期的你也许会这样，

不过随着健身时间的增长，

你会发现，最好的方法是：

直接问！

请问您还有几组？

心中
有计划

健身"小白"与"大神"的正面交锋

当你请教健身"大神"一个问题时

他会热心地帮你解答十个点

原来健身"大神"

这么平易近人啊~

健身女孩更衣效率演化史

刚开始健身时

开始前

不急不忙
选柜子

慢悠悠地换衣服 →

结束时

换衣

洗澡

抹
抹
抹

瓶瓶罐罐

健身第二年

开始前

随便打开
一个柜子

30s 开启
战斗！

脱掉外套
即刻出发！

结束时

30s 撤离
现场！

套上外
套就走

耳机依赖症

耳机工作时

力大无穷

专注

干劲十足

酷帅

耳机没电了……

我的剩余组数 vs 直男的剩余组数

当别人来询问我的剩余组数

当我去询问直男的剩余组数

结束健身后的四大派系

有氧派

拉伸派

刚开始健身时

健身一段时间后

几十斤的重量，

几百斤的气场！

健身人组间休息实录

看手表，默默倒计时

> ……27, 28, 29, 30!

照镜子

> 很不错!

看手机，换音乐

"社恐" 埋头

避免与人
发生对视

苦思冥想

我做到
第几组了？

守着器械哈哈哈

以较为明显的肢体动作
告诉别人：我还得用一会儿！

健身女孩耐痛力演化史

健身初期

啊啊
啊啊啊啊
……

这么酸爽
的吗?

健身后期

健身人的迷思

看到有氧区
有位超级瘦的女生

天呐，她那么瘦却还那么拼命做有氧！

勉强做有氧的我

哈！20分钟到啦！

极限值，多坚持不了1分钟！

健身女孩的专属忙碌

每完成一组动作

站稳后第一件事就是

我是有小蛮腰的，除非肉肉自己不小心跑出来。

扯裤子

单手扯
裤子

坐时扯裤子

照镜子时
扯裤子

腰间往上提

裤脚往下拉

健身1小时，

扯裤子100次！

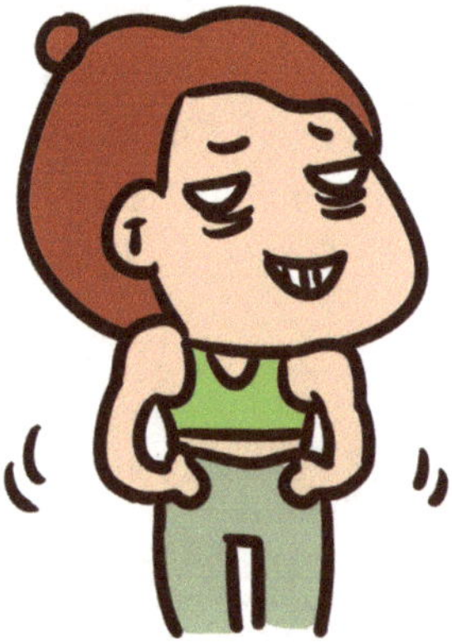

健身初期

健身后期

健身后期

只是洗脸的时候……

最累的健身动作

已消耗　500大卡

第6章

健身人的日常

健身为生活
带来的改变

那个爱拧瓶盖儿的姑娘

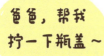

健身人坐公交

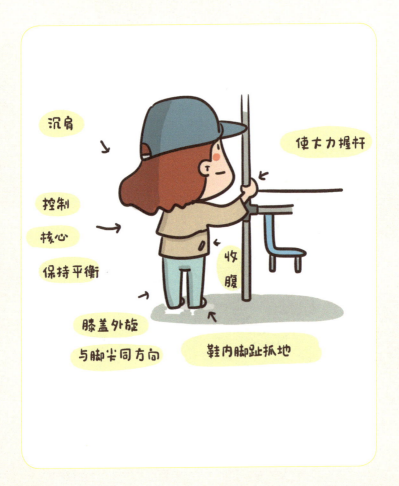

沉肩

使大力握杆

控制

核心

保持平衡

收腹

膝盖外旋

与脚尖同方向

鞋内脚趾抓地

捡东西

以前

健身人
捡东西

健身后

直背不弯腰

臀部往后推

拿到东西后
双脚蹬地起身

硬拉
式捡东西

嗯，舒服

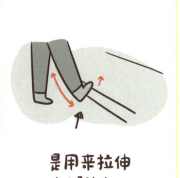

是用来拉伸
小腿的！

健身人开车

收腹

左脚用不上但也不闲着，踩在支撑台上维持稳定

坐姿端正

这健硕的股四头肌！

等红灯时

健身人搬重物

以前

健身一段时间后

论健身的实用性

男人眼里的健身女孩

力气很大

打人很疼

是金刚芭比

肌肉 →

← 滤镜

健身人逛超市……

看看有啥好吃的？

这个看着不错，看看配料表！

突然

啊呵！！

强光戳眼

原来是看到了：

白砂糖

第 1001 次被白砂糖劝退！

健身以前的 200 元

满满
两大袋

全是
好吃的!

健身以后的 200 元

1小包
健康食物

0% 蔗糖酸奶 8 盒：65 元
黑巧克力：40 元
脱脂奶粉：70 元
4 个牛油果：30 元

健身前的购物车

健身后的购物车

别人眼里的我

从早到晚活力四射

自律

正能量

乐观

坚韧

高需求

自强

真实的我

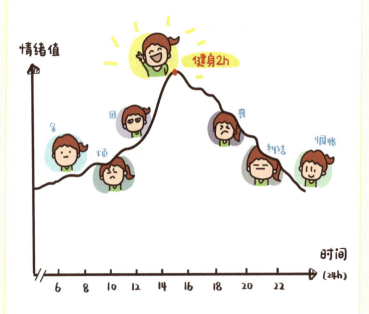

自己搭过脚或踩过的
健身凳，离开时擦干净

自带湿巾
或健身房抹布

健身房内的
消毒喷雾

哑铃、杠铃及时归位

使用大重量后
及时卸片

不要将自己的随身物品
放在固定器械的座椅上

尽量不要打扰别人训练

健身女孩食量演化史

刚开始健身时

七分饱

健身两年后饮食标准

十分饱！

健身两年后饭局上的我

吃到最后的人

健身两年后朋友眼中的我

你是我朋友里最能吃却又最瘦的!

健身真有用系列

哪一刻你觉得健身真有用？

被同性夸赞时

去驿站取大件快递时

在公厕使用马桶时

无接触式

深蹲

在浴室照镜子时

穿衣不挑款式时

尽管状态不好但依然选择坚持时